ふしぎ？ びっくり！

ことばの由来《ゆらい》博物館《はくぶつかん》

たべものと住《す》まいのことば

文 草刈めぐみ
絵 伊藤ハムスター

ほるぷ出版

目次《もくじ》

たべものにかんすることば

住《す》まいにかんすることば

おやつ

【お八つ】

意味《いみ》

食事《しょくじ》と食事《しょくじ》の合間《あいま》にとる、軽《かる》い間食《かんしょく》。おもに、午後《ごご》三時《じ》ごろたべるものをさす。

語源《ごげん》

昔《むかし》の時刻《じこく》では、今《いま》の午後《ごご》二時《じ》から四時《じ》ごろを、「昼《ひる》の八《や》つ時《どき》」といった。今《いま》の三時《じ》は八《や》つ半《はん》にあたるので、八《や》つ時前《どきぜん》後《ご》の間食《かんしょく》を「おやつ（お八つ）」といい、しだいにたべものそのものをさすようになった。

関連《かんれん》することがら

食事《しょくじ》は朝夕《あさゆう》二回《かい》

江戸時代《えどじだい》の食事《しょくじ》は朝夕《あさゆう》二回《かい》で、それでは、おなかがすくため、四《よ》つ時《どき》（今《いま》の午前《ごぜん》十時《じ》から十二時《じ》）と八《や》つ時《どき》（午後《ごご》二時《じ》から四時《じ》ごろ）の二回《かい》にわけて、間食《かんしょく》をとった。「お三時《じ》」も同《おな》じ、おやつのこと。

かし

【菓子】

意味《いみ》

食事《しょくじ》以外《いがい》にたべるたべもの。さとうを使《つか》った、あまい味《あじ》のものが多《おお》い。

語源《ごげん》

中国語《ちゅうごくご》の「菓子《かし》」からできたことば。昔《むかし》は「菓子《かし》」は「くだもの（果物）」や木《き》の実《み》のことで、「果子《かし》」とも書《か》いた。このため、今《いま》でも、くだものを「水菓子《みずがし》」とよぶ。平安時代《へいあんじだい》に、あまい菓子《かし》が中国《ちゅうごく》からつたえられ、くだものとともに、「菓子《かし》」にふくまれるようになった。

関連《かんれん》することがら

中国《ちゅうごく》からつたわった菓子《かし》

昔《むかし》は菓子《かし》というと、すべてが自然《しぜん》のものであったが、奈良時代《ならじだい》から平安時代《へいあんじだい》になると、中国《ちゅうごく》からつたえられた菓子《かし》が「唐菓物《からくだもの》」といって、料理《りょうり》とともにだされた。

あめ【飴】

意味《いみ》

口《くち》のなかで、しだいにとけていくあまみをたのしむ菓子《かし》。多《おお》くはさとうやでんぷんを、煮《に》つめてつくる。

語源《ごげん》

「あまい」の「あま」が変化《へんか》してできたことば。漢字《かんじ》の「飴《あめ》」は、たべるという意味《いみ》の「食《しょく》」に、よろこぶという意味《いみ》の「台《だい》」が組《く》みあわされてできた。

関連《かんれん》することば・ことがら

ことば

「あめ」のつくことば

あめをなめさせる・あめをしゃぶらせる

相手《あいて》を利用《りよう》するために、うまいことをいったり、利益《りえき》をあたえて、よろこばせたりすること。

ことがら

千歳《ちとせ》あめ

江戸時代《えどじだい》に、細長《ほそなが》いあめを長《なが》い袋《ふくろ》にいれて、「千年《せんねん》あめ」「寿命《じゅみょう》あめ」と名《な》づけて売《う》っていた。それが、現在《げんざい》の七五三《しちごさん》のお祝《いわ》いの「千歳《ちとせ》あめ」で、紅白《こうはく》にそめた棒《ぼう》のようなあめがはいっている。

ぼたもち

【牡丹餅】

意味《いみ》

うるち米《まい》ともち米《ごめ》をあわせてたき、軽《かる》くついて丸《まる》め、小豆《あずき》あんやきな粉《こ》、すりごまなどをまぶしたもの。

語源《ごげん》

煮《に》た赤小豆《あかあずき》をまぶしたさまが、ぼたんの花《はな》をおもわせたことからついた名前《なまえ》。「萩《はぎ》のもち」という女房《にょうぼう》ことば（昔《むかし》の身分《みぶん》の高《たか》い人《ひと》につかえる女性《じょせい》たちのことば、P25参照《さんしょう》）からできたのが、「おはぎ（お萩）」で、同《おな》じものをさす。こちらは、煮《に》た小豆《あずき》のつぶが、萩《はぎ》の花《はな》がさきみだれているように見《み》えたことから、名《な》づけられた。

関連《かんれん》することば

「ぼたもち」のつくことば

たなからぼたもち

苦労《くろう》しないで、おもいがけない幸運《こううん》がころがりこむこと。短《みじか》くして、「たなぼた」という。

どらやき

【銅鑼焼き】

意味《いみ》

小麦粉《こむぎこ》、さとう、卵《たまご》などを使《つか》って、どらの形《かたち》に丸《まる》く焼《や》いた、二枚《まい》の皮《かわ》のあいだにあんをはさんだ和菓子《わがし》。

語源《ごげん》

源《みなもとの》義経《よしつね》が奥州《おうしゅう》にのがれ、傷《きず》をおった弁慶《べんけい》が世話《せわ》になった家《いえ》をたち去《さ》るときに、お礼《れい》に「どら（銅鑼）」をおいていった。そのどらで焼《や》いたのが、どらやきのはじまりという話《はなし》がある。また、「どらやき」の形《かたち》が、青銅《せいどう》でできた打楽器《だがっき》のどらに、似《に》ているからともいう。

関連《かんれん》することがら

どら（銅鑼）

仏教《ぶっきょう》の法要《ほうよう》や茶席《ちゃせき》、出帆《しゅっぱん》のときなどに打《う》ちならす。

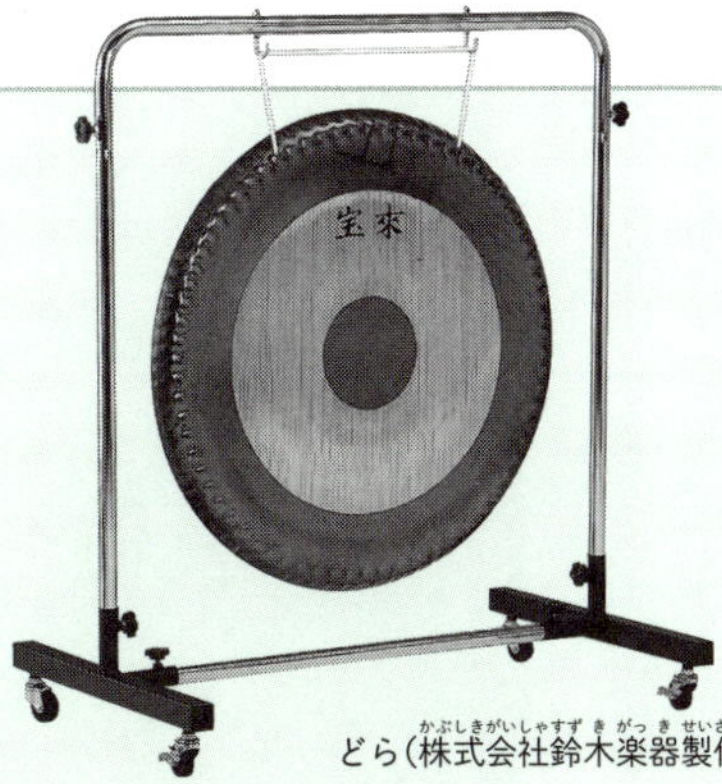

どら（株式会社鈴木楽器製作所《かぶしきがいしゃすずきがっきせいさくしょ》）

もなか
【最中】

意味《いみ》

和菓子《わがし》。もち米《ごめ》の粉《こな》をこね、うすく丸《まる》い皿《さら》のような形《かたち》に焼《や》いて、それを二枚《まい》あわせたなかにあんをつめたもの。

語源《ごげん》

中秋《ちゅうしゅう》の名月《めいげつ》（旧暦《きゅうれき》八月《がつ》十五日《にち》の夜《よる》の月《つき》）を意味《いみ》する、「最中《もなか》の月《つき》」の略《りゃく》。はじめはうすくて丸《まる》いもち米《ごめ》のせんべいで、形《かたち》が月《つき》に似《に》ていたことから、この名前《なまえ》がついた。のちに、今《いま》のようなあんをまんなかにつめたものが、「最中《もなか》まんじゅう」という名《な》でつくられ、「最中《もなか》」とよばれるようになった。

関連《かんれん》することがら

最中《もなか》のもとになった歌《うた》

「水《みず》の面《も》に　照《て》る月《つき》なみをかぞふれば　こよいぞ秋《あき》の　もなかなりける」（さざ波《なみ》がたっている水面《すいめん》に照《て》りうつる月《つき》を見《み》て、月《つき》日《ひ》をかぞえたら、今夜《こんや》は秋《あき》の最中《さいちゅう》の八月《がつ》十五夜《や》であるなあ。『拾遺和歌集《しゅういわかしゅう》』より）
この歌《うた》にちなんで、吉原《よしわら》の菓子屋《かしや》の主人《しゅじん》の竹村伊勢《たけむらいせ》が、最中《もなか》を考《かんが》えだした。

ようかん

【羊羹】

意味《いみ》

あんに、さとうと寒天《かんてん》をくわえて、ねりかためたもの。または、あんに小麦粉《こむぎこ》をくわえて、蒸《む》しかためたもの。

語源《ごげん》

鎌倉《かまくら》・室町《むろまち》時代《じだい》に中国《ちゅうごく》からはいってきた、「ようかん（羊肝）」という料理《りょうり》がもとになっている。これは、羊《ひつじ》の肝《きも》の形《かたち》に似《に》た蒸《む》しもちだった。日本《にほん》では、動物《どうぶつ》の肉《にく》を連想《れんそう》するのでさけられ、「羊羹《ようかん》」という、中国《ちゅうごく》の別《べつ》の料理名《りょうりめい》にかえられたとされる。「羹（あつもの）」とは、吸《す》いものという意味《いみ》。

関連《かんれん》することがら

ようかんの歴史《れきし》

ようかんは、もとはあまみのない蒸《む》しもちだった。これに、だんだんあまみがくわえられるようになり、蒸《む》しようかんができた。寒天《かんてん》をまぜたねりようかんは、安土桃山時代《あづちももやまじだい》につくられた。ようかんを一《ひと》さお、二《ふた》さおとかぞえるのは、さおの形《かたち》の枠《わく》にいれて蒸《む》したため。

せんべい【煎餅】

意味《いみ》

米《こめ》の粉《こな》や小麦粉《こむぎこ》などをねって、うすくのばして焼《や》いた菓子《かし》。

語源《ごげん》

中国《ちゅうごく》の菓子《かし》である「煎餅《いりもち》」の漢音《かんおん》（Ｐ94参照《さんしょう》）「センヘイ」から、「せんべい」となった。空海《くうかい》が唐《とう》にわたり、帝《みかど》にまねかれたとき、料理《りょうり》のなかに亀《かめ》の子《こ》の形《かたち》をした煎餅《せんべい》があった。たいへんおいしかったので、つくり方《かた》をならって帰《かえ》り、ひろめたといわれている。また、千利休《せんのりきゅう》の弟子《でし》、「千幸兵衛《せんのこうべえ》」が考《かんが》えだしたので、その名《な》をちぢめて「千兵衛《せんべえ》」としたともいう。

関連《かんれん》することば・ことがら

ことば

「せんべい」のつくことば

せんべいぶとん

▌いれる綿《わた》の量《りょう》が少《すく》なく、うすくてそまつなふとんのこと。

ことがら

関東《かんとう》と関西《かんさい》のちがい

米《こめ》の粉《こな》でつくり、しょうゆで味《あじ》をつけた関東《かんとう》ふうのせんべいに対《たい》し、関西《かんさい》ふうのせんべいは小麦粉《こむぎこ》に卵《たまご》、さとうをくわえて焼《や》いている。

カステラ

意味《いみ》

小麦粉《こむぎこ》、卵《たまご》、さとう、水《みず》あめなどをまぜて焼《や》いた菓子《かし》。

語源《ごげん》

室町時代《むろまちじだい》の末《すえ》ごろ、ポルトガル人《じん》が長崎《ながさき》につたえた南《なん》蛮菓子《ばんがし》の名前《なまえ》がもと。スペインの古《ふる》い王国《おうこく》、カスティリヤでつくられたパンを、ポルトガル人《じん》が「カスティリヤのパン」とよんだことから。

関連《かんれん》することがら

カステラのたべ方《かた》

カステラは、江戸時代《えどじだい》には、長崎《ながさき》から関東《かんとう》にもつたえられた。そのころのたべ方《かた》は、今《いま》とはずいぶんちがっていたらしい。たとえば、冬《ふゆ》には切《き》ってお吸《す》い物《もの》の具《ぐ》にしたり、夏《なつ》には冷《つめ》たい水《みず》をはった器《うつわ》のなかにいれたりし、ときには大根《だいこん》おろしやわさびをつける人《ひと》もいたようである。また、二日酔《ふつかよ》いにもきくといわれていた。

ところてん【心太】

意《い》味《み》

テングサを煮《に》て、長方形《ちょうほうけい》の型《かた》に流《なが》しこみ、かためたもの。ところてん突《つ》きで押《お》しだし、酢《す》じょうゆやからしなどでたべる。

語源《ごげん》

テングサの別《べつ》の名《な》、「こころふと（心太）」からできた名《な》前《まえ》。「心太《こころふと》」が、しだいに「こころたい」「こころてい」「こころてん」「ところてん」とかわったといわれる。

関連《かんれん》することば

「ところてん」のつくことば

ところてん式《しき》に押《お》しだされる

ところてん突《つ》きで押《お》しだされるように、自然《しぜん》に先《さき》へすすむという意味《いみ》。「ところてん式《しき》に大学《だいがく》を卒業《そつぎょう》する」などのように使《つか》う。

おかず
【御数】

意味《いみ》

食事《しょくじ》のときの副食物《ふくしょくぶつ》で、ごはんと汁以外《しるいがい》のもの。

語源《ごげん》

「お」は接頭語《せっとうご》、「かず（数）」は、「数《かず》かずとりあわせる」という意味《いみ》の女房《にょうぼう》ことば。ごはんにそえてだす「数《かず》かずのもの」をさす。ほかに、主食《しゅしょく》にまぜてたくもの、「かて（糧）」が変化《へんか》したという説《せつ》もある。

関連《かんれん》することがら

女房《にょうぼう》ことば

室町時代《むろまちじだい》のはじめごろから、宮中《きゅうちゅう》につかえる女官《にょかん》が、衣食住《いしょくじゅう》にかんするものにつけたことば。じょじょに、将軍《しょうぐん》につかえる女性《じょせい》から一般《いっぱん》へとひろがった。ごはんを「おだい」、とうふを「おかべ」などという。

おめぐり、おまわり

おかずのことを、そのほかに、「おめぐり」「おまわり」というのは、膳《ぜん》のおわんのまわりに、小皿《こざら》をいろいろとならべるから。これも女房《にょうぼう》ことば。

がんもどき

【雁もどき】

意味《いみ》

くずしたとうふのなかに、細《こま》かく切《き》った野菜《やさい》やひじきなどをまぜあわせ、油《あぶら》であげたもの。

語源《ごげん》

味《あじ》が「がん（雁）」の肉《にく》に、似《に》ているという意味《いみ》から。

肉食《にくしょく》を禁《きん》じられていた僧《そう》たちが、つくりだしたもの。

関連《かんれん》することば

ひりょうず（飛竜頭）

がんもどきの関西《かんさい》でのよび名《な》。この名《な》は、ポルトガル語《ご》の「フィリョース」からきたもの。もとは、くだものなどを小麦粉《こむぎこ》の衣《ころも》でつつんであげた菓子《かし》のことをいう。

ふくじんづけ

【福神漬】

意味《いみ》

七種類《しゅるい》の野菜《やさい》などをこまかくきざみ、みりんやしょうゆで味《あじ》つけをした液《えき》に、つけこんだつけもの。

語源《ごげん》

一八八五年《ねん》、東京上野《とうきょううえの》の野田《のだ》清左衛門《せいざえもん》の店《みせ》が売《う》りだした、つけものの名前《なまえ》が起《お》こり。店《みせ》が不忍《しのばず》の池《いけ》の弁財天《べんざいてん》の近《ちか》くにあったことと、七種類《しゅるい》の材料《ざいりょう》を「七福神《しちふくじん》」（七人《にん》の福《ふく》の神《かみ》）に見《み》たてたことから、名《な》づけられたといわれる。

関連《かんれん》することがら

福神漬《ふくじんづけ》の材料《ざいりょう》

福神漬《ふくじんづけ》のおもな材料《ざいりょう》は、だいこん、なす、なた豆《まめ》、白瓜《しろうり》、れんこん、しょうが、しその実《み》などの七種類《しゅるい》。

たくあん

【沢庵】

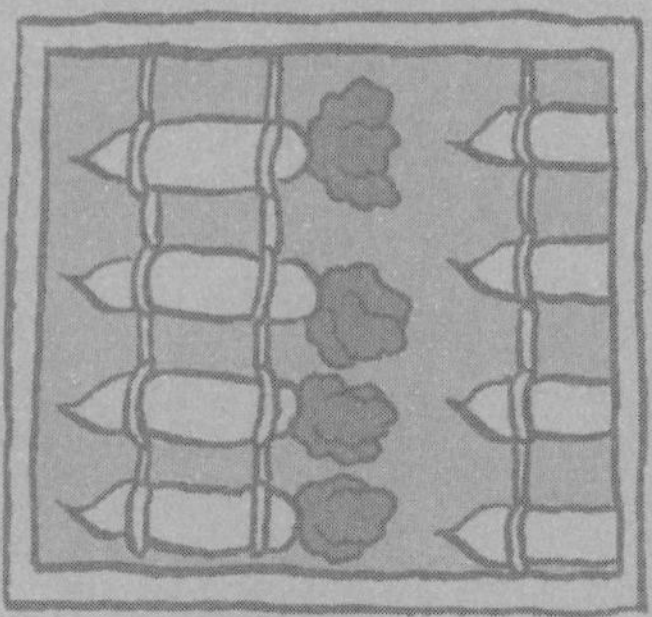

意《い》味《み》

干《ほ》しただいこんを、塩《しお》とぬかとでつけたもの。

語源《ごげん》

「たくあんづけ（沢庵漬）」の略《りゃく》。江戸《えど》時代《じだい》、大徳寺《だいとくじ》の「沢《たく》庵《あん》和尚《おしょう》」が考《かんが》えだしたもので、それにちなんだといわれている。また、和尚《おしょう》の墓《はか》石《いし》が沢庵《たくあん》づけの重石《おもし》に似《に》ていたからとか、「たくわえづけ」がなまったもの、などという説《せつ》もある。

関連《かんれん》する人物《じんぶつ》

沢庵和尚《たくあんおしょう》

江戸時代《えどじだい》はじめごろ、京《きょう》都《と》、大徳寺《だいとくじ》の禅宗《ぜんしゅう》の僧《そう》として有名《ゆうめい》。徳川家光《とくがわいえみつ》の信頼《しんらい》をえて、品川《しながわ》の東海寺《とうかいじ》をひらいた。書《しょ》や絵《え》、俳句《はいく》や茶道《さどう》にすぐれていた。

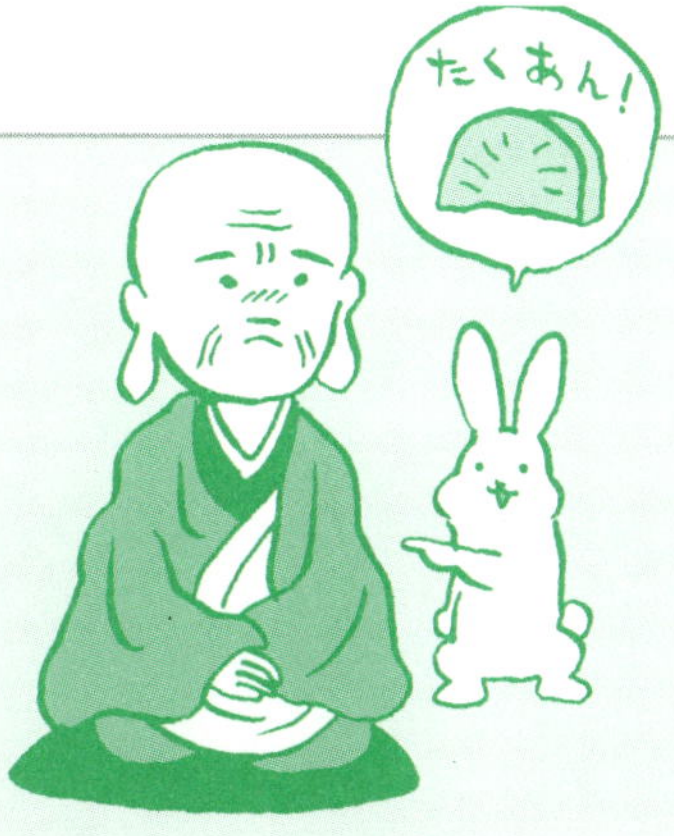

きんぴらごぼう

【金平牛蒡】

意味《いみ》

千切《せんぎ》り、または、ささがきにしたごぼうを油《あぶら》でいため、それにとうがらしをくわえて、さとうとしょうゆで煮《に》つめたもの。

語源《ごげん》

からくてかたい「きんぴらごぼう」は、江戸時代《えどじだい》はじめに流行《りゅうこう》した「金平浄瑠璃《きんぴらじょうるり》」の強《つよ》い主人公《しゅじんこう》である「坂田金平《さかたのきんぴら》」になぞらえて、この名《な》がついた。

関連《かんれん》する人物《じんぶつ》

坂田金平《さかたきんぴら》

「金平浄瑠璃《きんぴらじょうるり》」の主人公《しゅじんこう》、坂田金平《さかたのきんぴら》は架《か》空《くう》の人物《じんぶつ》で、「金太郎《きんたろう》」で有名《ゆうめい》な坂田金時《さかたのきんとき》の子《こ》だということになっている。金平《きんぴら》は強《つよ》くて勇《いさ》ましい荒武者《あらむしゃ》で、このころ、強《つよ》くてじょうぶなものには、「金平《きんぴら》」の名《な》をつけることが流行《りゅうこう》した。たいへんじょうぶな「金平《きんぴら》たび」、にかわをまぜてねばり気《け》を強《つよ》くした「金平糊《きんぴらのり》」、じょうぶな扇《おうぎ》の「金平骨《きんぴらぼね》」など。また、おてんばむすめは「金平《きんぴら》むすめ」とよばれた。

おでん

【御田】

意味《いみ》

だいこん、こんぶ、ちくわ、こんにゃく、さつまあげなどをうすい味《あじ》で、汁《しる》をたっぷり使《つか》って、長《なが》く煮《に》こんだ料理《りょうり》。

語源《ごげん》

「お」はことばの頭《あたま》につける語《ご》、「でん」は「田楽《でんがく》どうふ」をかんたんにいったもの。もとは長方形《ちょうほうけい》に切《き》ったとうふを、くしにさして焼《や》き、みそをつけたものが田楽《でんがく》。農《のう》村《そん》では、平安時代《へいあんじだい》から豊作《ほうさく》を祈《いの》って、田楽舞《でんがくまい》がおこなわれていた。白装束《しろしょうぞく》のおどり手《て》の姿《すがた》が、ちょうど串《くし》にさしたとうふの形《かたち》に見《み》えたことから、この名《な》がついた。

関連《かんれん》することがら

田楽《でんがく》

平安時代《へいあんじだい》から、田植《たう》えのときなどに、ふえやたいこを鳴《な》らして、歌《うた》ったり、舞《ま》ったりしたことにはじまる。やがて、専門《せんもん》の田楽法師《でんがくほうし》があらわれ、歌《うた》や舞《まい》、曲芸《きょくげい》など軽業《かるわざ》をするようになった。鎌《かま》倉時代《くらじだい》ぐらいからは、猿楽《さるがく》や能《のう》もさかんに演《えん》じられるようになった。

かまぼこ

【蒲鉾】

意味《いみ》

白身《しろみ》の魚《さかな》のすりみに調味《ちょうみ》料《りょう》、でんぷんなどをくわえて蒸《む》したり、またはあぶり焼《や》きにしたもの。

語源《ごげん》

室町《むろまち》時代《じだい》、儀式用《ぎしきよう》につくられた「かまほこ（蒲穂子）」がはじまりだと考《かんが》えられる。魚《さかな》のすり身《み》を竹《たけ》にぬりつけて焼《や》いたもので、形《かたち》が蒲《がま》の穂《ほ》に似《に》ていたことから、この名《な》がついた。のちに、板《いた》つきのかまぼこが考《かんが》えだされてからは、区別《くべつ》するため、竹《たけ》にぬりつけて焼《や》いたものは、「竹輪《ちくわ》」とよぶようになった。

関連《かんれん》することがら

蒲《がま》の穂《ほ》

高《たか》さが二メートルぐらいになり、夏《なつ》に二十センチメートルぐらいの、ろうそくの形《かたち》のビロードのような穂《ほ》ができる。

蒲《がま》の穂《ほ》

かずのこ

【数の子】

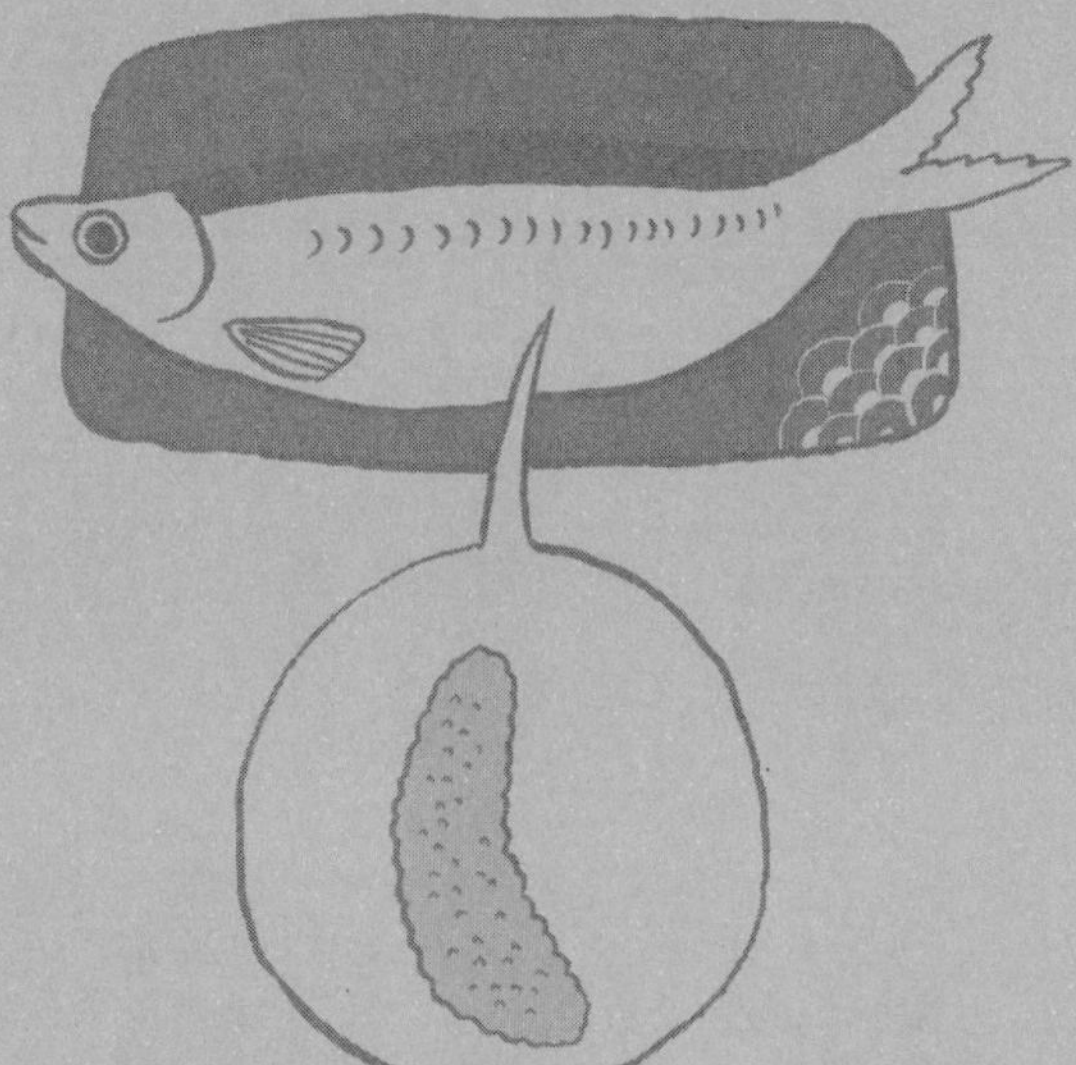

意味《いみ》

にしんの卵《たまご》をほしたり、塩《しお》づけにしたりした食品《しょくひん》。

語源《ごげん》

にしんの別《べつ》の名《な》を「かど（鰊）」といい、「かどの子《こ》」が変《へん》化《か》した。卵《たまご》の数《かず》が多《おお》いことから、子孫《しそん》が栄《さか》えるように願《ねが》う意味《いみ》で「かず（数）」の字《じ》をあてるようになった。

関連《かんれん》することがら

かずのこはめでたい

安土桃山時代《あづちももやまじだい》になると、太閤秀吉《たいこうひでよし》のおぜんに、かずのこが登場《とうじょう》していることが、書物《しょもつ》などに見《み》られる。「かどの子《こ》」を「数《かず》の子《こ》」として、子孫繁栄《しそんはんえい》の意味《いみ》をもたせたのは、じつは料理人《りょうりにん》などがごきげんをとるためだった。かずのこがめでたいものだという考《かんが》えは、一般《いっぱん》の人《ひと》びとにもひろまり、正月料理《しょうがつりょうり》や結婚《けっこん》の祝儀《しゅうぎ》などに使《つか》われるようになった。

めんたいこ

【明太子】

意味《いみ》

すけとうだらの卵《たまご》を、塩《しお》ととうがらしをまぶして加工《かこう》したもの。

語源《ごげん》

「めんたい」は、すけとうだらの朝鮮語《ちょうせんご》「ミョンテ」からきたことば。「明太《めんたい》」は、そのあて字《じ》を日本語読《にほんごよ》みしたもの。「ミョンテの子《こ》」が「めんたいこ」となった。

関連《かんれん》することがら

すけとうだら

からだの長《なが》さは六十センチメートルぐらいで、たらより細長《ほそなが》く、黒《くろ》っぽい茶色《ちゃいろ》で腹《はら》は白《しろ》。太平洋《たいへいよう》や日本《にほん》海《かい》、オホーツク海《かい》で多《おお》くとれる。肉《にく》はかまぼこの原料《げんりょう》、卵《たまご》はたらこやめんたいことして食用《しょくよう》とする。

ちりめんじゃこ

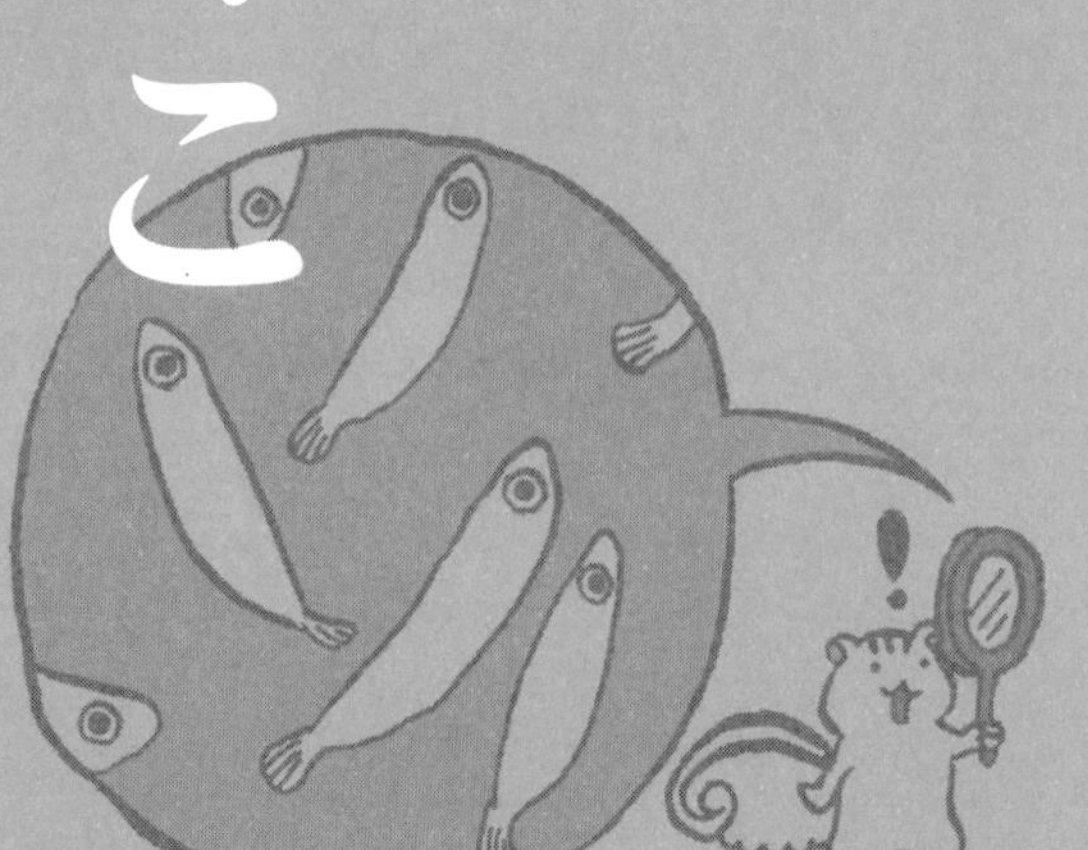

意味《いみ》

かたくちいわし、まいわし、しろうおなどの雑魚《ざこ》を煮《に》て干《ほ》した食品《しょくひん》。

語源《ごげん》

「ちりめん」は「ちぢめん」が、「じゃこ」はいろいろいりまじった小魚《こざかな》をさす「ざこ（雑魚）」が変化《へんか》したもの。雑魚《ざこ》を干《ほ》したり、ひろげたりしたときのようすが、絹織物《きぬおりもの》の「白《しろ》ちりめん（縮緬）」のように見《み》えることから、この名《な》がついた。

関連《かんれん》することば

「雑魚《ざこ》」のつくことば

雑魚寝《ざこね》

おおぜいで雑魚《ざこ》のように、いりまじって寝《ね》ること。

雑魚《ざこ》の魚《とと》まじり

大物《おおもの》のなかにつりあいのとれない小物《こもの》が、いりまじること。

しゃり

【舎利】

意味《いみ》

すし屋《や》などでいう米《こめ》つぶ、
または米《こめ》の飯《めし》のこと。

語源《ごげん》

仏教用語《ぶっきょうようご》の仏《ほとけ》や聖人《せいじん》の骨《ほね》をあらわす「しゃり（舎利）」からきたことば。日本人《にほんじん》にとって、米《こめ》は釈迦《しゃか》の骨《ほね》（仏舎利《ぶっしゃり》）と同《おな》じぐらい、とうといものだと考《かんが》えたからという説《せつ》と、遺骨《いこつ》の「のど仏《ぼとけ》」の色《いろ》や形《かたち》が、米《こめ》に似《に》ているからという説《せつ》とがある。

関連《かんれん》することば・ことがら

ことば

「舎利《しゃり》」がつくことば

舎利《しゃり》が灰《はい》になっても

からだが粉《こな》みじんに、くだかれてもという意味《いみ》。

銀舎利《ぎんしゃり》

白米《はくまい》のご飯《はん》のこと。

ことがら

舎利塔《しゃりとう》

仏舎利《ぶっしゃり》をおさめておく塔《とう》。舎利《しゃり》をうやまい、供養《くよう》する習慣《しゅうかん》は、アジア各国《かっこく》にあり、舎利塔《しゃりとう》も建《た》てられている。

舎利塔《しゃりとう》（神奈川県《かながわけん》 龍口寺《りゅうこうじ》）

ごちそう

【御馳走】

意味《いみ》

客《きゃく》に、さまざまなおいしい食事《しょくじ》をふるまって、もてなすこと。または、お金《かね》や手間《てま》をかけた豪華《ごうか》な料理《りょうり》。

語源《ごげん》

「ご（御）」は頭《あたま》について敬意《けいい》をあらわす語《ご》。「ちそう（馳走）」というのは走《はし》りまわることで、料理《りょうり》を用意《ようい》するために走《はし》りまわるという意味《いみ》から、もてなすこと、または、もてなしの料理《りょうり》をさすようになった。

関連《かんれん》することば

「ごちそう」のつくことば

ごちそうぜめにあう

食《た》べきれないほどたくさんのごちそうが、次《つぎ》つぎにでてきて、もてなされること。

まくのうちべんとう

【幕の内弁当】

意味《いみ》

たわら形《がた》の小《ちい》さなにぎり飯《めし》に黒《くろ》ごまをふったものと、おかずをつめあわせた弁当《べんとう》。

語源《ごげん》

「まくのうち（幕の内）」というのは、歌舞伎《かぶき》の舞台裏《ぶたいうら》である楽屋《がくや》のこと。そこで役者《やくしゃ》のために用意《ようい》された、たべやすい小《ちい》さなにぎり飯《めし》の弁当《べんとう》を、「幕《まく》の内弁当《うちべんとう》」といった。のちに、江戸時代《えどじだい》の中《なか》ごろ、芝居茶屋《しばいぢゃや》ができると、楽屋裏《がくやうら》の弁当《べんとう》をまねて、「幕《まく》の内弁当《うちべんとう》」の名《な》で、観客向《かんきゃくむ》けに売《う》りだしたのがはじまり。

関連《かんれん》することがら

すもうの「幕《まく》の内《うち》」

すもうの前頭《まえがしら》以上《いじょう》の力士《りきし》のことも「幕《まく》の内《うち》」というが、この語源《ごげん》は別《べつ》。将軍《しょうぐん》のすもう見物《けんぶつ》のときに、一人前《いちにんまえ》の力士《りきし》は、将軍《しょうぐん》のいる幕《まく》の内側《うちがわ》にいることをゆるされたことから。「幕《まく》の内《うち》」になれない力士《りきし》が「幕下《まくした》」。

てんぷら【天麩羅】

意味《いみ》

魚《さかな》や野菜《やさい》に、水《みず》でといた小麦粉《こむぎこ》の衣《ころも》をつけて、油《あぶら》であげたもの。

語源《ごげん》

「調味料《ちょうみりょう》」を意味《いみ》するポルトガル語《ご》「テムペロ」、または、「天上《てんじょう》の日《ひ》（鳥《とり》や獣《けもの》の肉《にく》をつつしみ、魚《さかな》や卵《たまご》をたべる日《ひ》）」の意味《いみ》のスペイン語《ご》・イタリア語《ご》の「テムポラ」からできたという。また、寺《てら》という意味《いみ》の「テンプル」から変化《へんか》した精進料理《しょうじんりょうり》だという説《せつ》や、あげものが油《あぶら》の上《うえ》（天《てん》）をゆらゆらするので、麩《ふ》（小麦粉《こむぎこ》）や羅《ら》（うすもの）のようすから字《じ》をあてた、などといろいろな説《せつ》がある。

関連《かんれん》することがら

てんぷらそばと天丼《てんどん》

あるそば屋《や》が、新橋《しんばし》のてんぷら屋《や》から、売《う》れのこりのてんぷらを買《か》った。それをかけそばにのせ、売《う》りだしたのが「てんぷらそば」のはじまり。それをまねて、どんぶりめしの上《うえ》にてんぷらをのせ、たれをかけて売《う》りだしたのが「天丼《てんどん》」になったといわれている。

すきやき

意味《いみ》

肉《にく》やとうふ、野菜《やさい》やしらたきなどをしょうゆで味《あじ》つけし、なべで煮《に》ながらたべる料理《りょうり》。

語源《ごげん》

昔《むかし》は、たまりじょうゆ（しょうゆより色《いろ》が濃《こ》く、うまみが強《つよ》い）につけておいた鴨《かも》、雁《がん》、鹿《しか》などの肉《にく》を、「すき（鋤）」の上《うえ》で焼《や》いてたべたことからついた名前《なまえ》。

関連《かんれん》することがら

すき焼《や》きの料理法《りょうりほう》

室町時代《むろまちじだい》につたわった「南蛮焼《なんばんや》き」というのは、焼《や》き肉《にく》ふうの料理《りょうり》だった。今《いま》のような「すき焼《や》き」になったのは、文明開化以後《ぶんめいかいかいご》のこと。関東《かんとう》で流行《りゅうこう》した、しょうゆやみりんのわりしたで煮《に》る「牛鍋《ぎゅうなべ》」の影響《えいきょう》をうけたといわれる。

うどん

【饂飩】

意味《いみ》

小麦粉《こむぎこ》に食塩水《しょくえんすい》をくわえ、ねって細長《ほそなが》く切《き》り、ゆでてたべる麺《めん》。

語《ご》源《げん》

中国《ちゅうごく》からつたわった唐《とう》の菓《か》子《し》「こんとん（混飩）」が変化《へんか》したもの。もとは、あんいりの小麦粉《こむぎこ》のだんごだった。それがやがて、煮《に》て、あつい汁《しる》にしてたべるので、「うんとん（温飩）」「うんどん（饂飩）」へと変化《へんか》し、「うどん」になったといわれる。

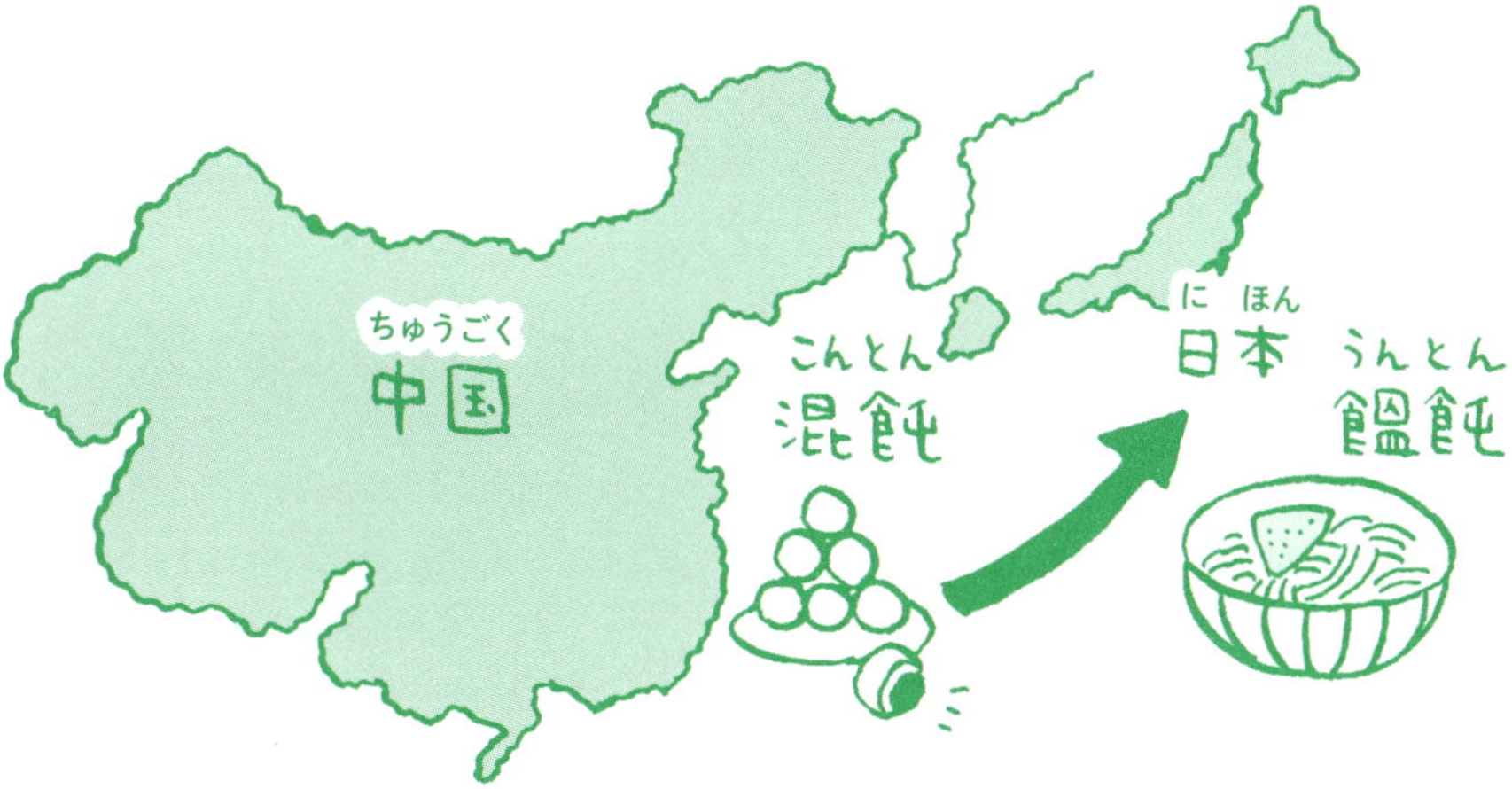

関連《かんれん》することがら

熱麦《あつむぎ》と冷麦《ひやむぎ》

現在《げんざい》の干《ほ》しうどんに近《ちか》いものは、奈良時代《ならじだい》の末《すえ》に唐《とう》からつたえられた索餅《さくべい》といい、熱《あつ》くしてたべるのを「熱麦《あつむぎ》」、冷《ひ》やしてたべるのを「冷《ひや》麦《むぎ》」といった。「熱麦《あつむぎ》」はうどんになり、「冷麦《ひやむぎ》」ということばだけが昔《むかし》のまま残《のこ》った。

外国《がいこく》からきたたべもの

八百屋《やおや》さんにいくと、「ネギ」「ニンジン」「ジャガイモ」「キャベツ」というように、野菜《やさい》の名前《なまえ》がカタカナで書《か》いてあったり、ときにはひらがなで書《か》いてあったり、漢字《かんじ》のこともあります。じゃあ、どれが正《ただ》しいのと外国人《がいこくじん》に聞《き》かれると、わたしたちも首《くび》をひねってしまいます。じつは、これらはどれも日本原産《にほんげんさん》ではなく、それぞれ順《じゅん》に、古《こ》代《だい》、十六世紀《せいき》、十七世紀《せいき》、明治時代《めいじじだい》に外国《がいこく》からはいってきたものなのです。「じゃがいも」はもともと南米《なんべい》のアンデス山脈《さんみゃく》の原産《げんさん》ですが、日本《にほん》へはジャカルタから渡来《とらい》したことから「ジャガタラのいも」が短《みじか》くなり、「じゃがいも」になりました。じゃがいもは別名《べつめい》「ばれいしょ（馬鈴薯）」ともいい、こちらは中国《ちゅうごく》でも「馬鈴薯《ばれいしょ》」とかいて「マリンスー」とよぶので、これも外来語《がいらいご》かも知《し》れません。ほかにも「ナス（茄子）」「トマト（むかしは「赤茄子《あかなす》」と書《か》きました）」、「カボチャ（カンボジア原産《げんさん》であることから）」「キュウリ（胡瓜）」なども外来《がいらい》の野菜《やさい》です。「キュウリ」はインド原産《げんさん》ですが、むかしは中国《ちゅうごく》の北方《ほっぽう》や西方《せいほう》の異民族《いみんぞく》の国《くに》のことを「胡《こ》」とよんだので、「胡《こ》の国《くに》の瓜《うり》」という意味《いみ》の漢字《かんじ》なのでしょう。これら日本人《にほんじん》の生活《せいかつ》にすっかりなじんだ野菜《やさい》は、すでに日本《にほん》で栽培《さいばい》され、日本《にほん》の土地《とち》で改良《かいりょう》されたものになったので、外来《がいらい》のものだといわれてもそんな気《き》がしません。

それから、和菓子《わがし》の代表《だいひょう》のような「ようかん（羊羹）」や「ういろう（外郎）」は日本人《にほんじん》が考《かんが》えだしたお菓子《かし》ではありますが、その名前《なまえ》は中国《ちゅうごく》からつたわった「羊《ひつじ》の肝《きも》の形《かたち》に似《に》た蒸《む》しもち」や「礼部《れいぶ》員外郎《いんがいろう》という官職《かんしょく》」に由来《ゆらい》するものです。よく「かすていら」と書《か》かれた広告《こうこく》を見《み》かけますが、「カステラ（加須底羅）」もやはり、もとはスペイン中部《ちゅうぶ》の「カスティリヤのパン」でした。
「テンプラ（天麩羅）」は、ポルトガル語《ご》、またはスペイン語《ご》かイタリア語《ご》から名《な》づけられたものだといわれます。でも、今《いま》ではカタカナで「テンプラ」と書《か》くよりも「天《てん》ぷら」「てんぷら」のほうが一般的《いっぱんてき》です。
「アイスクリーム」も、はじめは「氷羹（氷《こおり》のように冷《つめ》たい固《かた》めたお菓子《かし》）」と漢字《かんじ》で書《か》かれていました。やがて「アイスクリン」といって売《う》り歩《ある》くようになると、カタカナのことばのままでよくわかるので、しだいに漢字《かんじ》は使《つか》わなくなってしまいました。ポルトガルからきた「コンペイトー（金平糖）」も同《おな》じです。ところで、「シュークリーム」はフランス語《ご》の「シュー（キャベツ）・ア・ラ・クレム」をいいやすくした日本語《にほんご》です。しかし、逆《ぎゃく》に、「カップラーメン」は外来語《がいらいご》のように聞《き》こえますが、これはれっきとした日本《にほん》でうみだされた商《しょう》品《ひん》で、日本《にほん》から外国《がいこく》にひろまったたべものです。
明治時代《めいじじだい》の人《ひと》は、「あんパン」という和洋折衷《わようせっちゅう》のヒット商品《しょうひん》をうみだしました。これは日本《にほん》の「あん」と西洋《せいよう》の「パン」を組《く》みあわせた、日本独自《にほんどくじ》のたべものです。

おさらい＆チャレンジクイズ！

Q1 いいかげんにその場《ば》をとりつくろうことを「○○をにごす」というが、①お湯《ゆ》 ②水《みず》 ③お茶《ちゃ》のどれがはいる？

Q2 苦労《くろう》しないで、おもいがけない幸運《こううん》がころがりこむことを「たなから○○○○」というが、○には何《なに》がはいる？

Q3 ポルトガル語《ご》の「カスティリヤ」がなまって「カステラ」、では「コンフェイト」がなまったよび方《かた》で、さとうでつくった菓子《かし》は？

Q4 ○○すり（人《ひと》のきげんをとって、自分《じぶん》の利益《りえき》にすること）の○○にはいるたべものは何《なに》？

Q5 おおぜいで雑魚《ざこ》のように、いりまじって寝《ね》ることを何《なん》という？

答《こた》えは96ページへ！

いえ【家】

意味《いみ》

人《ひと》がすむための建物《たてもの》、家屋《かおく》。

語源《ごげん》

語源《ごげん》はいくつもあり、はっきりしない。「いえ」は、昔《むかし》は「いへ」と書《か》いた。「い」は「寝《い》」、「へ」は「戸《へ》」で、寝《ね》るところを意味《いみ》した。また、「寝《い》」と「竈《へ》」で、寝《ね》る場所《ばしょ》とかまどのあるところの意味《いみ》だとする説《せつ》や、「い」はことばの上《うえ》につける語《ご》、「へ」はたべものをいれる容器《ようき》なので、「人《ひと》をいれる容《よう》器《き》」だとする説《せつ》などがある。

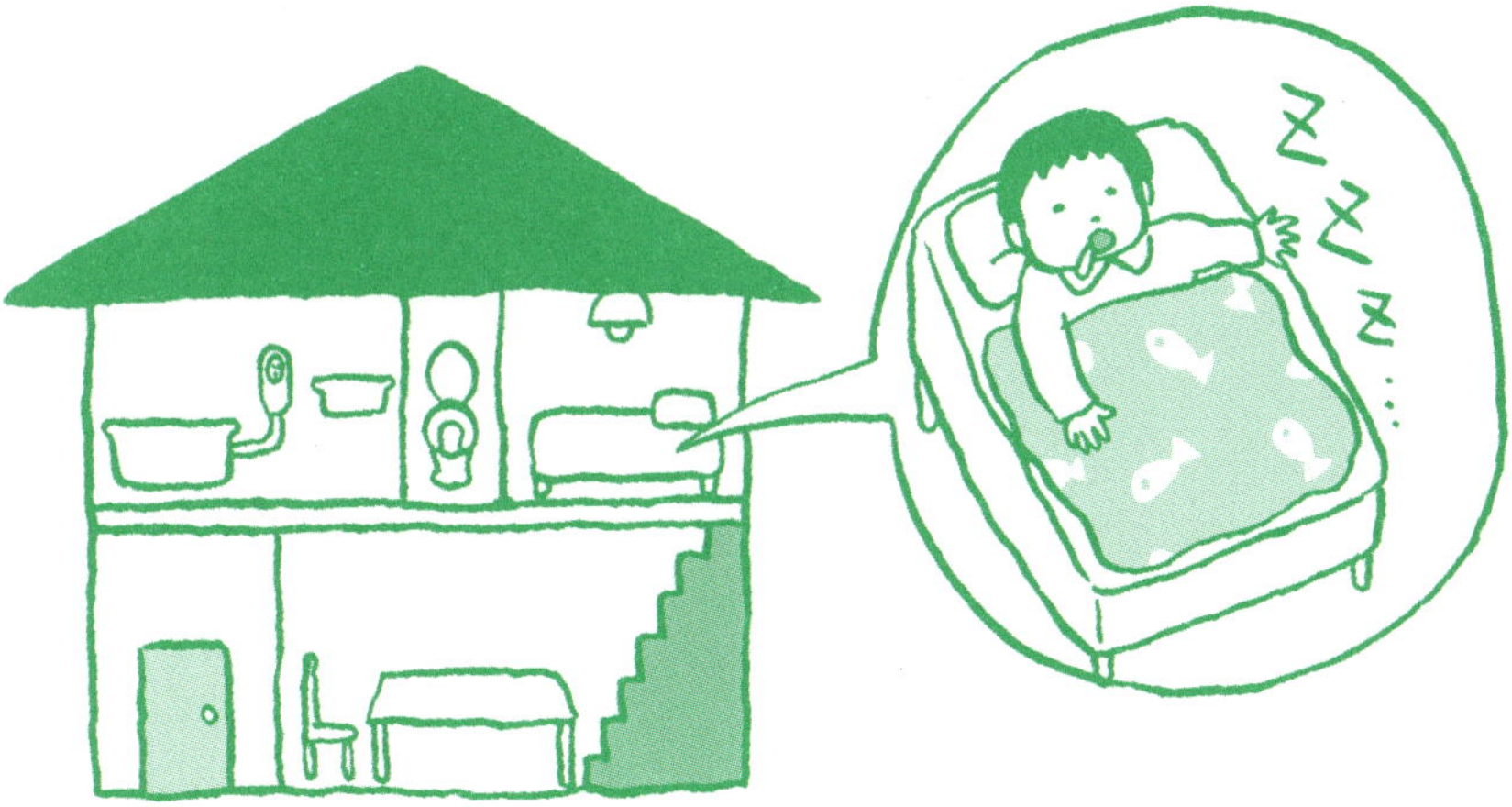

関連《かんれん》することがら

「家《いえ》」という漢字《かんじ》

「宀《うかんむり》」は家《いえ》をあらわし、「豕《いのこ》」はぶたをさすので、ぶたをいけにえにそなえる、けがれのない場所《ばしょ》をあらわしていて、そこを中心《ちゅうしん》とする「いえ」を意味《いみ》している。

だいこくばしら

【大黒柱】

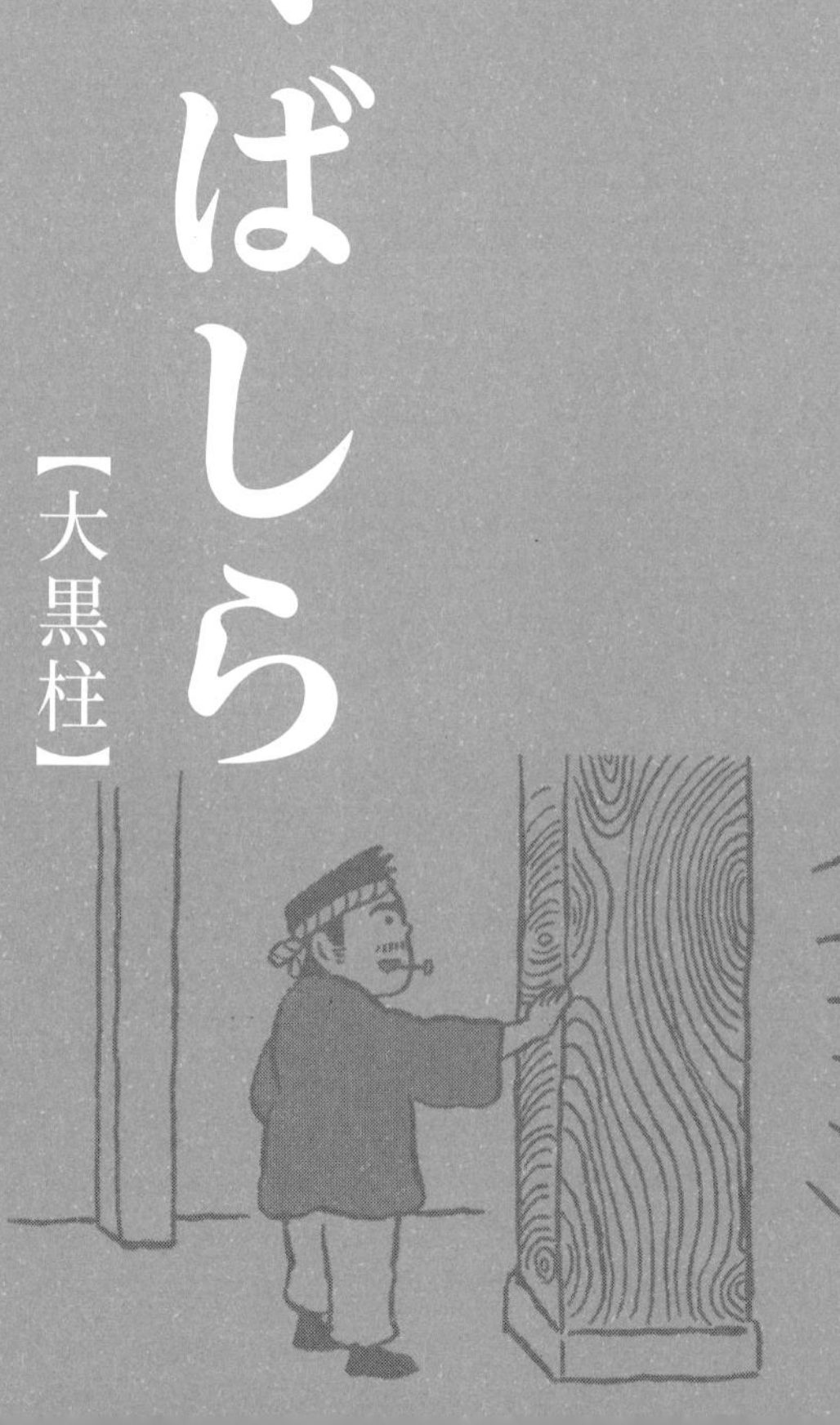

意味《いみ》

家《いえ》をたてるとき、最初《さいしょ》に中心《ちゅうしん》にたてる、とくに太《ふと》い柱《はしら》。また、土間《どま》と床《ゆか》の上《うえ》の部分《ぶぶん》とをわける場所《ばしょ》に、たてられる太《ふと》い柱《はしら》。

語源《ごげん》

台所《だいどころ》の神《かみ》「大黒天《だいこくてん》」からできたことば。日本《にほん》の家《いえ》では、家《いえ》をささえている太《ふと》い柱《はしら》の片側《かたがわ》に、かならず台所《だいどころ》がつくられている。ふつうこの柱《はしら》のすぐわきに、台所《だいどころ》やたべものをつかさどる神《かみ》、大《だい》黒天《こくてん》がまつられていたので、「だいこくばしら（大黒柱）」というようになった。ほかに、天皇《てんのう》がすむ内裏《だいり》の中心《ちゅうしん》にある大極殿《だいごくでん》の、「大極柱《だいごくばしら》」からという説《せつ》もある。

関連《かんれん》することがら

大黒天《だいこくてん》

七福神《しちふくじん》の一つ。ずきんをかぶり、右手《みぎて》に小《こ》づち、せおった大《おお》きなふくろの口《くち》を左手《ひだりて》でにぎって、米俵《こめだわら》にのっている。

かわら【瓦】

意味《いみ》

ねん土《ど》を平《ひら》たく一定《いってい》の形《かたち》に、焼《や》きかためたもの。おもに、屋根《やね》をふくのに使《つか》う。

語源《ごげん》

土器《どき》のかけらをさす、インドの昔《むかし》のことばの「カパラ」から変化《へんか》して「かわら（瓦）」となった。

関連《かんれん》することがら

日本《にほん》でかわらをつくる

かわらは六世《せい》紀《き》半《なか》ばに、仏教《ぶっきょう》とともに、中国《ちゅうごく》から朝鮮半島《ちょうせんはんとう》を経《へ》てつたわった。奈良《なら》の飛鳥寺《あすかでら》がたてられたとき、かわらづくりの技術《ぎじゅつ》を学《まな》ぶため、天皇《てんのう》が百済《くだら》（昔《むかし》の朝鮮半《ちょうせんはん》島《とう》にあった国《くに》）から、かわら博士《はかせ》をまねいたといわれている。

のき【軒】

意味《いみ》

屋根《やね》の下《した》の端《はし》、壁《かべ》よりも、外《そと》に突《つ》きでた部分《ぶぶん》。

語源《ごげん》

雨水《あまみず》や雪《ゆき》がはいらないように、屋根《やね》の下《した》の端《はし》をのばしたところを、「のき（延木）」とよんだからといわれる。また、雨《あめ》や雪《ゆき》が「のく（退く）」ことからきたともいわれる。

関連《かんれん》することば

「のき」のつくことば

のきをつらねる・のきをならべる

屋根《やね》と屋根《やね》とがくっつくほどに、家《いえ》がたてこんでいるさま。

ひさし【庇】

意味《いみ》

建物《たてもの》の窓《まど》や出入《でい》り口《ぐち》の上《うえ》に突《つ》きだした、雨《あめ》や陽《ひ》ざしをふせぐための、小《ちい》さな屋根《やね》。

語源《ごげん》

陽《ひ》ざしをさえぎるという意味《いみ》の「ひさし（日差し）」からきたことば。また、同《おな》じ意味《いみ》をもつ「ひささえ（日支）」が変化《へんか》したという説《せつ》もある。

関連《かんれん》することば

「ひさし」のつくことば

ひさしをかして母屋《おもや》をとられる

もっているもののほんの一部《いちぶ》を貸《か》したために、すべてをとられてしまうこと。親切《しんせつ》にしてあげた相手《あいて》に、恩《おん》をあだで返《かえ》されるという意味《いみ》。

げんかん

【玄関】

意味《いみ》

家《いえ》や建物《たてもの》の正面《しょうめん》にこしらえられた、正式《せいしき》な出入《でい》り口《ぐち》。また、禅寺《ぜんでら》の住職《じゅうしょく》のすむ部屋《へや》への入《い》り口《ぐち》。

語源《ごげん》

中国《ちゅうごく》の老子《ろうし》のことば「玄妙《げんみょう》なる道《みち》（奥《おく》ぶかい禅《ぜん》の道《みち》）にはいる関門《かんもん》」からできた。「玄関《げんかん》」ということばが使《つか》われはじめたのは鎌倉時代《かまくらじだい》のことで、はじめは禅寺《ぜんでら》の門《もん》をさしたが、のちに一般《いっぱん》の建物《たてもの》の出入《でい》り口《ぐち》を意味《いみ》するようになった。

関連《かんれん》することがら

江戸時代《えどじだい》の玄関《げんかん》

江戸時代《えどじだい》の「玄関《げんかん》」は式台《しきだい》（玄関先《げんかんさき》につくられた一段低《だんひく》い板《いた》じきの部屋《へや》で、お客《きゃく》とあいさつをするところ）があるりっぱなもので、武家《ぶけ》や名主《なぬし》など身分《みぶん》が高《たか》い人《ひと》だけが、つくることをゆるされた。

江戸時代《えどじだい》の玄関《げんかん》（旧坂東家住宅《きゅうばんどうけじゅうたく》 見沼《みぬま》くらしっく館《かん》）

しきい【敷居】

意味《いみ》

部屋《へや》のさかいのふすま、しょうじ、戸《と》などを、左《さ》右《ゆう》に開《あ》けたてするために、下《した》についているみぞのある横木《よこぎ》。

語源《ごげん》

「しきみ（閾）」から変化《へんか》したものと考《かんが》えられる。

「しきみ」とは、門《もん》や家《いえ》の入《い》り口《ぐち》にあって、内《うち》と外《そと》を区別《くべつ》する横木《よこぎ》。

関連《かんれん》することば

「しきい」のつくことば

しきいが高《たか》い

つきあいがしばらくとだえたり、はずかしいことがあって、なかなかその家《いえ》にいけないこと。

しきいをまたぐ

家《いえ》を出入《でい》りすること。「おまえは勘当《かんどう》だ。二度《にど》とこの家《いえ》のしきいをまたぐな」とか「一度《いちど》しきいをまたいだら、七人《にん》の敵《てき》がいる」などのようにいう。

たたき【三和土】

意味《いみ》

玄関《げんかん》や台所《だいどころ》などの土間《どま》。床《ゆか》がなくて、地面《じめん》のまま、またはコンクリートなどでかためられている。

語源《ごげん》

「たたき（叩き）土《つち》」を略《りゃく》したことば。「三和土《たたき》」の字《じ》をあてるのは「石灰《せっかい》、赤土《あかつち》、砂利《じゃり》」の三種類《しゅるい》に、苦汁《にがり》と水《みず》をまぜ、ねってたたきかためたことから。

関連《かんれん》することから

「たたく」はなにから？

「た」は「手《て》」のことで、しっかりとつきかためるという意味《いみ》で、「手手《たた》く」だとする説《せつ》がある。また、「たた」が、たたいたときにでる音《おと》、つまり擬音《ぎおん》のことで、「く」という語尾《ごび》がついたものという説《せつ》もある。

ざしき

【座敷】

意味《いみ》

たたみじきの部屋《へや》。多《おお》くは客間《きゃくま》をさす。

語源《ごげん》

室町《むろまち》時代《じだい》になるまで、部屋《へや》は板《いた》じきがふつうだった。そのため、貴族《きぞく》たちはすわるのに、わらや蒲《がま》でつくった「円座《えんざ》」や、正方形《せいほうけい》のたたみに縁《ふち》をつけた「座褥《ざじょく》」というものを使《つか》っていた。「座《ざ》を敷《し》いた席《せき》」の意味《いみ》から、「ざしき（座敷）」となった。

関連《かんれん》することば

「ざしき」のつくことば

ざしきがかかる

芸者《げいしゃ》や芸人《げいにん》たちが、ひいきの客《きゃく》の宴《えん》席《せき》によばれること。また、人《ひと》から宴《えん》席《せき》へのおよびがかかること。

ざしき兵法《へいほう》

じっさいの役《やく》にたたない、頭《あたま》のなかで組《く》みたてただけの理論《りろん》。

ちゃのま

【茶の間】

意《い》味《み》

家《いえ》のなかで家族《かぞく》がそろって食事《しょくじ》をしたり、くつろいだりする部屋《へや》。

語源《ごげん》

もともとは茶会《ちゃかい》に使《つか》われていた「茶《ちゃ》の湯《ゆ》の間《ま》」「茶会《ちゃかい》の間《ま》」が略《りゃく》されたもの。江《え》戸《ど》時《じ》代《だい》、一般《いっぱん》の人《ひと》のあいだにも茶《ちゃ》を飲《の》む習慣《しゅうかん》がひろまり、台所《だいどころ》とは別《べつ》に「茶《ちゃ》の間《ま》」がつくられるようになったのがはじまり。

関連《かんれん》することがら

数寄屋《すきや》づくり

お茶《ちゃ》を飲《の》む習慣《しゅうかん》は中国《ちゅうごく》からきたものだが、茶道《さどう》は日本《にほん》ではじめられたので、茶室《ちゃしつ》も独自《どくじ》に発展《はってん》した。茶室《ちゃしつ》のたて方《かた》をとりいれた数寄屋《すきや》づくりは、むだもかざりけもなくしたすっきりしたもので、江戸時代以降《えどじだいいこう》の和風《わふう》の建物《たてもの》の基本的《きほんてき》なスタイルとなった。

数寄屋《すきや》づくりの建物《たてもの》(水戸《みと》 偕楽園好文亭《かいらくえんこうぶんてい》)

たたみ

【畳】

意味《いみ》

和室《わしつ》の床《ゆか》にしくもの。わら床《どこ》をしんにして、い草《ぐさ》の表《おもて》をつけ、両端《りょうはし》に布《ぬの》でへりをつけたもの。

語源《ごげん》

「たたみおけるもの」が語源《ごげん》。平安時代《へいあんじだい》になるまで使《つか》われていたのは、「菅畳《すがだたみ》、皮畳《かわだたみ》、絹畳《きぬだたみ》」などの「薄畳《うすだたみ》」で、何枚《なんまい》もかさねて使《つか》われ、使《つか》わないときはたたんでおいたことから。のちにわらのしんを使《つか》って、たためなくなってからも、「たたみ」がそのまま名前《なまえ》としてのこった。

関連《かんれん》することがら

現在《げんざい》のたたみ

江戸時代《えどじだい》の中《なか》ごろから、一《いっ》般《ぱん》の家《いえ》でも、現在《げんざい》のようなたたみをしくようになった。

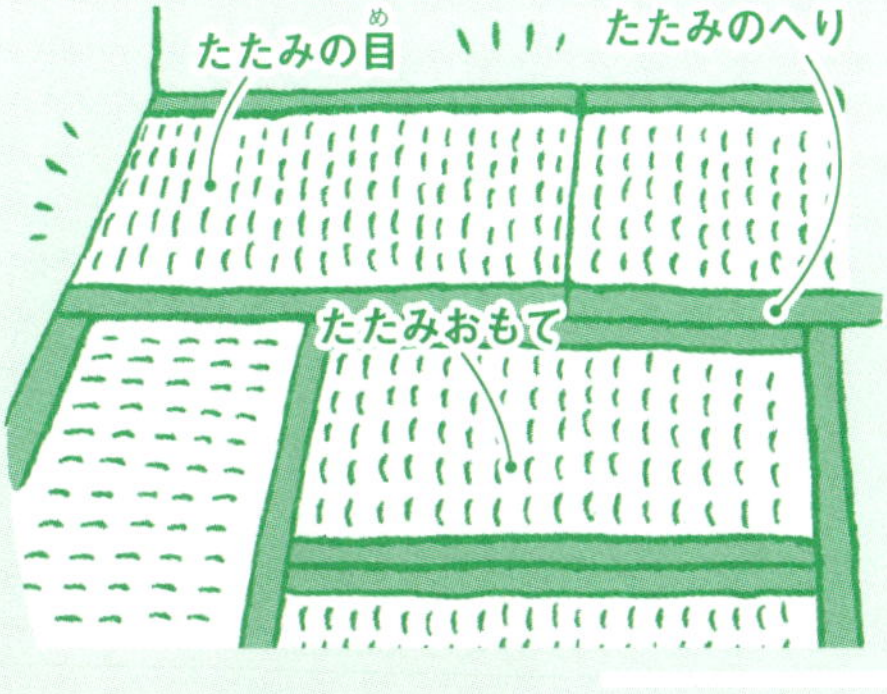

ふすま【襖】

意《い》味《み》

木《き》のわくの両面《りょうめん》に紙《かみ》や布《ぬの》をはった、和室用《わしつよう》の建具《たてぐ》。部屋《へや》の間《ま》じきりや、押《お》し入《い》れの戸《と》などに使《つか》われる。

語源《ごげん》

「ふすましょうじ（襖障子）」を、かんたんにいったもの。もとは平安時代《へいあんじだい》に寝室《しんしつ》の目《め》かくしに使《つか》われた「ふすまだて（臥間立）」、または寒《さむ》さしのぎの夜具《やぐ》の「ふすま（衾）」からきたことばだといわれる。

関連《かんれん》することがら

ふすまとしょうじの関係《かんけい》

現在《げんざい》の「ふすま（襖）」も、昔《むかし》は「ふすましょうじ」という「しょうじ」の一つだった。のちにこれは「ふすま」になり、「明《あ》かりとりしょうじ」は「しょうじ」になった。

しょうじ

【障子】

意味《いみ》

和室《わしつ》の明《あ》かりとりをかねて、部屋《へや》やろうかなどの間《ま》じきりをするための建具《たてぐ》。

語《ご》源《げん》

「垣《かき》」の語《ご》源《げん》になった、「山《やま》にさえぎられる」の意《い》味《み》をもつ「しょう（牆）」からきたことば。「子《じ》」は語《ご》尾《び》にそえる語《ご》。「へだてる」「さえぎる」の意《い》味《み》をもつ「障《しょう》」の字《じ》があてられるようになったのが、「しょうじ（障子）」。昔《むかし》はついたて、ふすま、びょうぶなど、風《ふう》雨《う》や人《ひと》目《め》をさえぎるものすべてをさした。

関連《かんれん》することがら

昔《むかし》の「障子《しょうじ》」

大化《たいか》の改新《かいしん》で、中大兄皇子《なかのおおえのおうじ》らが蘇我入《そがのいる》鹿《か》を暗殺《あんさつ》したとき、入鹿《いるか》の遺体《いたい》を「障《しょう》子《じ》」でおおった。「障子《しょうじ》」は、もとは「しとみ」と読《よ》まれていた。この「障子《しょうじ》」は、わらをあんだむしろのようなものだったという。これが、平安時代《へいあんじだい》になると、家《いえ》の外側《そとがわ》を木《き》の板《いた》でできた「しとみ（蔀）」でおおうようになり、室町時《むろまちじ》代《だい》の末《すえ》ごろになると、紙《かみ》をはった「しとみ」があらわれ、これが「明《あ》かりとりしょうじ」へと発展《はってん》していった。

いろり【囲炉裏】

意味《いみ》

床《ゆか》の一部《いちぶ》を四角《しかく》く切《き》りぬいて、火《ひ》をたくようにした炉《ろ》。暖房《だんぼう》や煮《に》たきに使《つか》う。

語源《ごげん》

火《ひ》に面《めん》した座席《ざせき》をさす「いるい」が変化《へんか》して、「いろり」になった。また、炉《ろ》ばたに人《ひと》があつまるところの意味《いみ》である「いろ（居炉）」からともいう。「囲炉裏《いろり》」はあて字《じ》。

関連《かんれん》することがら

自在《じざい》かぎ

囲炉裏《いろり》には、よくなべややかんをかける自在《じざい》かぎ（鉤）がつるされている。これは文字《もじ》どおり、上《あ》げ下《さ》げが自在《じざい》にできるからである。この自在《じざい》かぎの横木《よこぎ》には魚《さかな》の形《かたち》をしたものが多《おお》い。水《みず》にすむ魚《さかな》が「火事《かじ》をふせぐ」と信《しん》じられていたためと考《かんが》えられる。

だいどころ
【台所】

意《い》味《み》
家《いえ》のなかで、炊事《すいじ》や料理《りょうり》をするところ。

語源《ごげん》

平安時代《へいあんじだい》、天皇《てんのう》がすんでいた清涼殿《せいりょうでん》という建物《たてもの》に「だいばんどころ（台盤所）」という部屋《へや》があった。「台盤《だいばん》」というのは貴族《きぞく》たちが使《つか》う食器《しょっき》やたべものをのせる、足《あし》のついた台《だい》のことで、それをおく部屋《へや》、または調理《ちょうり》をする部屋《へや》という意味《いみ》をもつ。のちに短《みじか》くなって「台所《だいどころ》」となった。

関連《かんれん》することがら

台盤《だいばん》

たべものをもった器《うつわ》をのせるための、四本《ほん》の足《あし》がついた机《つくえ》のような台《だい》。朱色《しゅいろ》または、黒色《くろいろ》の漆《うるし》ぬりで、縁《ふち》を高《たか》くつくってある。

かって

【勝手】

意味《いみ》

家《いえ》のなかで料理《りょうり》をするところ。台所《だいどころ》、炊事場《すいじば》、厨《くりや》。

語源《ごげん》

干《ほ》し飯《いい》などの携帯食《けいたいしょく》や保存食《ほぞんしょく》、食料《しょくりょう》などを意味《いみ》する「かて（糧）」の古《ふる》い形《かたち》の「かりて」が変化《へんか》して、「かって」になった。さらに、それらをおく場所《ばしょ》の「かってどころ」が、しだいに略《りゃく》されて「かって」となった。

関連《かんれん》することば・ことがら

ことば

「勝手《かって》」のつくことば

勝手向《かってむ》きが苦《くる》しい

この場合《ばあい》の「勝手《かって》」は「暮《く》らし向《む》き」「家計《かけい》」のこと。

勝手知《かってし》ったる他人《たにん》の家《いえ》

この場合《ばあい》の「勝手《かって》」は「事情《じじょう》」「様子《ようす》」のこと。

自分勝手《じぶんかって》

この場合《ばあい》の「勝手《かって》」は「わがまま」「気《き》まま」の意味《いみ》。

ことがら

干《ほ》し飯《いい》

飯《めし》をかわかして、保存《ほぞん》しておくもの。これを水《みず》にひたしてやわらかくすれば、すぐにたべられるので、昔《むかし》は戦《いくさ》のときの食料《しょくりょう》とした。「かれいい」、「かれい」ともいう。

かまど

【竈】

意味《いみ》

土《つち》、石《いし》、れんがなどでつくった煮《に》たきをするための設備《せつび》。下《した》で火《ひ》をたき、上《うえ》になべやかまをのせる。

語源《ごげん》

かまどの「かま」は「なべ・かま」のことで、「ど」は「ところ（処）」のこと。なべやかまをおくところという意味《いみ》からできたことば。

関連《かんれん》することがら

荒神様《こうじんさま》

荒神《こうじん》は三つの顔《かお》と六本《ぽん》の手《て》をもつ神《かみ》で、悪《あく》をこらし、不浄《ふじょう》をきらい、火《ひ》をあいするといわれている。古《ふる》くから「火《ひ》をふせぐ」神《かみ》として信仰《しんこう》され、昔《むかし》の家《いえ》にはかまどの上《うえ》に「荒《こう》神様《じんさま》」をまつる神《かみ》だなをつくった。

かわや

【厠】

意味《いみ》

便所《べんじょ》のこと。

語源《ごげん》

「川屋《かわや》」の意味《いみ》。昔《むかし》は川《かわ》の上《うえ》にかけて、大小便《だいしょうべん》をする「や（屋）」をつくった。また、家《いえ》のすぐそば（側）につくられたことから、「かわや（側屋）」が語源《ごげん》ともいわれる。

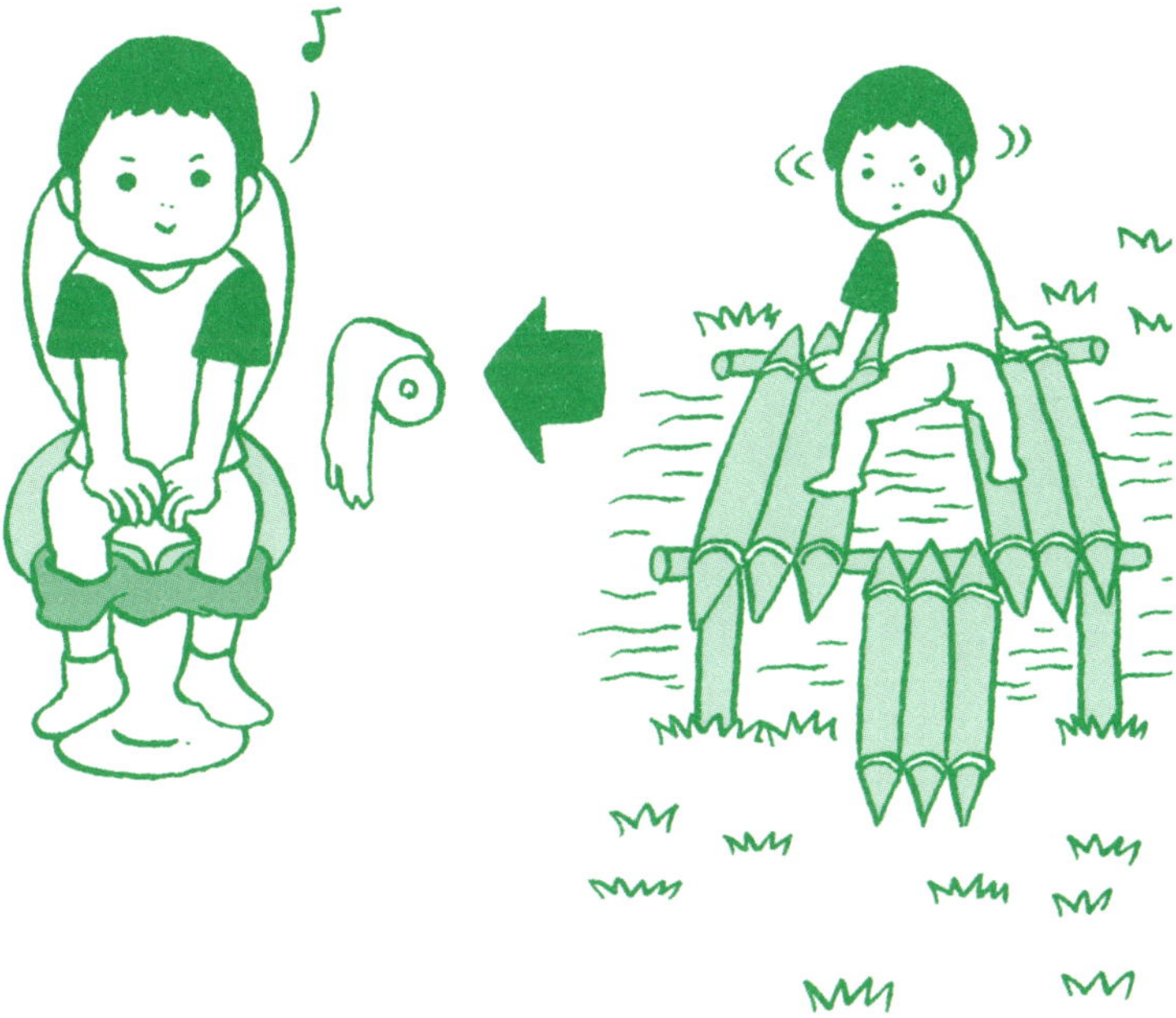

関連《かんれん》することがら

雪隠《せっちん》は北《きた》の方角《ほうがく》にある

雪隠《せっちん》は、仏教《ぶっきょう》の禅宗《ぜんしゅう》のことばで、もとは北《きた》のほうにある「かわや」をさした。そのほかの方角《ほうがく》にある「かわや」は、東司《とうじ》、西浄《せいじょう》、登司《とし》などといったが、雪隠《せっちん》は建物《たてもの》のうしろにつくったため、この言《い》い方《かた》が、とくにひろまったようだ。

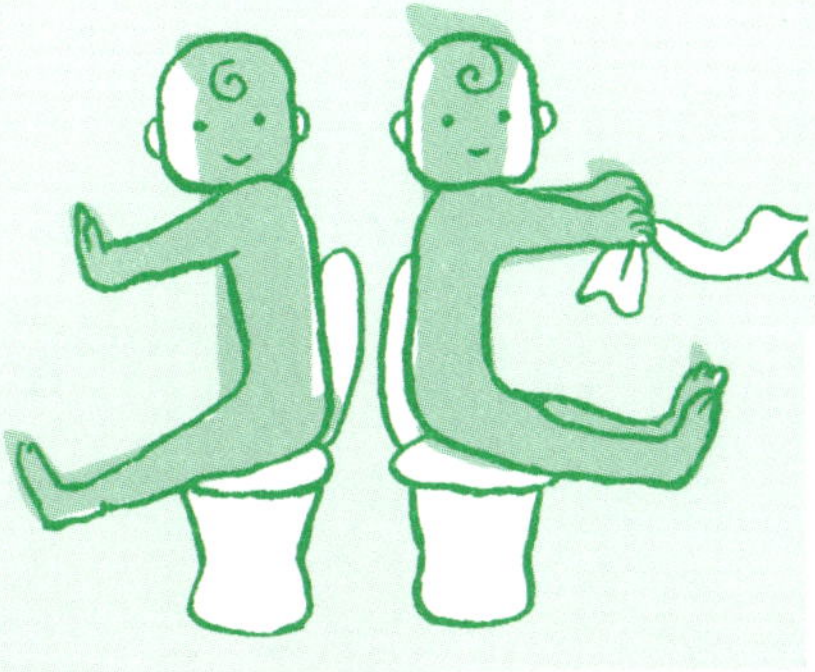

漢字《かんじ》の読《よ》み方《かた》

別《べつ》べつに書《か》くと「男《おとこ》」「女《おんな》」という字《じ》が、いっしょに書《か》くと「男女《だんじょ》」、そして、「老若男女《ろうにゃくなんにょ》」と書《か》くとまたちがった読《よ》み方《かた》になってしまいます。「どうして同《おな》じ漢字《かんじ》なのに、こんなにいろいろな読《よ》み方《かた》になってしまうの」とおもうでしょう。日本《にほん》で使《つか》われているほとんどの漢字《かんじ》には、音読《おんよ》みと訓読《くんよ》みという二つの読《よ》み方《かた》があります。音読《おんよ》みは中国人《ちゅうごくじん》からつたえられた読《よ》み方《かた》で、訓読《くんよ》みは日本式《にほんしき》の読《よ》み方《かた》です。ですから、ほとんどの訓読《くんよ》みは、聞《き》いただけですぐに意味《いみ》をおもいうかべることができますが、音読《おんよ》みはそうはいきません。たとえば「おとこ」「おんな」は訓読《くんよ》みで、意味《いみ》するものがすぐにわかります。しかし、「だん」だけ、「じょ」だけを聞《き》いてもすぐにはどの漢字《かんじ》か、どんな意味《いみ》かわかりません。「だん・じょ」も「なん・にょ」も音読《おんよ》みなのですが、じつは、「だん・じょ」は「漢音《かんおん》」、「なん・にょ」と発音《はつおん》するのは「呉音《ごおん》」といいます。

では、「漢音《かんおん》」とか「呉音《ごおん》」というのは一体何《いったいなん》でしょうか。この「漢《かん》」とか「呉《ご》」というのは、中国《ちゅうごく》の地方《ちほう》のよび方《かた》をさすと考《かんが》えられています。まず、五世紀《せいき》から六世紀《せいき》ごろ、日本《にほん》は中国《ちゅうごく》の揚子江下流《ようすこうかりゅう》沿岸《えんがん》（今《いま》の江蘇省《こうそしょう》あたり）の「呉《ご》」とよばれた地域《ちいき》と、さかんに交流《こうりゅう》をしていました。そのころつたえられた漢字《かんじ》の音《おと》が、「呉音《ごおん》」です。仏教《ぶっきょう》などとともに、古代《こだい》の人《ひと》びとのあいだにひろまった漢字《かんじ》は、そのころは呉音《ごおん》で読《よ》まれていました。そして、八世紀《せいき》ごろになって、今度《こんど》は中国西北《ちゅうごくせいほく》の漢中地方《かんちゅうちほう》（昔《むかし》、遣唐使《けんとうし》がめざした長安《ちょうあん》、今《いま》の西安《せいあん》のあたり）の音《おと》がつたわってきました。そのころ、中国《ちゅうごく》で学《まな》んだ留学生《りゅうがくせい》（遣隋使《けんずいし》や遣唐使《けんとうし》）たちは、当時《とうじ》の漢字《かんじ》の標準的《ひょうじゅんてき》な読《よ》み方《かた》、「漢音《かんおん》」をつたえたのです。二種類《しゅるい》の読《よ》み方《かた》があるのは大変《たいへん》なので、朝廷《ちょうてい》はなんとかして漢字《かんじ》の読《よ》み方《かた》を統一《とういつ》しようとしました。しかし、人《ひと》びとのあいだにしっかりとひろまった音《おん》をかえることは、なかなかできませんでした。そのために、漢字《かんじ》の学習《がくしゅう》はちょっと面倒《めんどう》なものになってしまいました。

それからもっと時代《じだい》がすすみ、十一世紀以降《せいきいこう》、中国《ちゅうごく》での漢字《かんじ》の音《おん》はさらに変化《へんか》しました。鎌倉時代《かまくらじだい》、室町時代《むろまちじだい》にはいってきた、中国各地《ちゅうごくかくち》の方言《ほうげん》もふくめたそれらの読《よ》み方《かた》が「唐音《とうおん》」です。「唐音《とうおん》」とは「唐土《もろこし》（＝中国《ちゅうごく》）の音《おん》」を意味《いみ》するものです。

「呉音《ごおん》」「漢音《かんおん》」「唐音《とうおん》」三通《とお》りの読《よ》み方《かた》をもつ漢字《かんじ》は、あまり多《おお》くありませんが、たとえば、どんなものがあるか、例《れい》をあげてみましょう。三つの音《おと》が、ずいぶんちがっていることがわかるでしょう。

「呉音《ごおん》」　木曜日《もくようび》（モク）　行列《ぎょうれつ》（ギョウ）　頭痛《ずつう》（ズ）
「漢音《かんおん》」　木刀《ぼくとう》（ボク）　銀行《ぎんこう》（コウ）　先頭《せんとう》（トウ）
「唐音《とうおん》」　木綿《もめん》（モ）　行灯《あんどん》（アン）　饅頭《まんじゅう》（ジュウ）

おさらい＆チャレンジクイズ！

Q6 豊臣秀吉《とよとみひでよし》の命令《めいれい》で、かまゆでの刑《けい》にされた人物《じんぶつ》にちなんだ名前《なまえ》で、かまどの上《うえ》に鉄《てつ》のかまをのせただけのふろを何《なん》という？

Q7 品物《しなもの》が使《つか》われないまま蔵《くら》にしまっておかれることから、しばいや映画《えいが》がとりやめになるという意味《いみ》の「お○○入《い》り」の○にはいるのは？

Q8 「○○○をかして母屋《おもや》を取《と》られる」は、親切《しんせつ》にしたのに、恩《おん》をあだで返《かえ》されるという意味《いみ》になる。○には何《なに》が入《はい》る？

Q9 「○○をつらねる」とは、屋根《やね》と屋根《やね》とがくっつくぐらいに、家《いえ》いえがたてこんでいるようすをいうが、○には何《なに》がはいる？

Q10 「○○○がたかい」は、つきあいがしばらくとだえたりして、なかなかその家《いえ》にいけないことをいうが、○には何《なに》がはいる？

Q11 「几帳《きちょう》」は貴族《きぞく》のやしきをしきる、ついたてのようなもの。これからできた、ものごとをきちんとすることを何《なん》という？

Q12 「○○○向《む》きが苦《くる》しい」は、家計《かけい》が苦《くる》しいことをいい、○には部屋《へや》の名前《なまえ》がはいるが、何《なに》？

答《こた》えは96ページへ！

95ページの答《こた》え

A6 五右衛門《ごえもん》ぶろ。ふろにはいるときは、あついので底《そこ》に板《いた》をしずめてはいる。

A7 くら（蔵）。計画《けいかく》が中止《ちゅうし》になることもいう。

A8 ひさし。もっている物《もの》のほんの一部《いちぶ》を貸《か》したために、すべてを取《と》られてしまうことから。

A9 のき。のきのはしのことを「のきば（軒端）」という。

A10 しきい。ふすまや戸《と》など左右《さゆう》に開《あ》けたてするための、下《した》にみぞがついている横木《よこぎ》のこと。

A11 きちょうめん（几帳面）。柱《はしら》の角《かど》にいれたきざみ目《め》のことも「几《き》帳面《ちょうめん》」という。

A12 かって（勝手）。台所《だいどころ》や炊事場《すいじば》のこと。

49ページの答《こた》え

A1 ③お茶《ちゃ》。茶道《さどう》の心得《こころえ》のない人《ひと》が、適当《てきとう》にお茶《ちゃ》をたてて、その場《ば》をとりつくろうことから。

A2 ぼたもち。

A3 こんぺいとう（金平糖《こんぺいとう》）。宣教師《せんきょうし》ルイス・フロイスから織田信長《おだのぶなが》へおくられたものの一つ。

A4 ごま。すりばちでごまをすると、ごまがあちこちにくっつくことから。

A5 ざこね（雑魚寝）。

シリーズ監修
江川 清（元国立国語研究所情報資料研究部長）
1942年にうまれる。1965年神戸大学卒業。専攻は社会言語学・情報学。専門書のほか、小中学生向けに『まんがことわざなんでも事典』（金の星社）、『漢字えほん』（ひさかたチャイルド）など著作・監修多数。

ふしぎ？ びっくり！ ことばの由来博物館
たべものと住まいのことば

初版第1刷　2018年3月25日
初版第2刷　2024年1月10日

文	草刈めぐみ（日本学生支援機構東京日本語教育センター 講師）
絵	伊藤ハムスター
編集協力	スタジオポルト
デザイン	スタジオダンク
発行	株式会社ほるぷ出版 〒102-0073　東京都千代田区九段北1-15-15 電話　03-6261-6691
発行人	中村宏平
印刷所	共同印刷株式会社
製本所	株式会社ブックアート

NDC812　96P　210×148mm
ISBN978-4-593-58777-3

本シリーズは、2000年に刊行された「ふしぎびっくり語源博物館」シリーズ（小社刊）を再編集・改訂したものです。

落丁・乱丁本は、小社営業部宛にご連絡ください。
送料小社負担にて、お取り替えいたします。